NOTICE

SUR

M. GUERRIER DE DUMAST,

ENVISAGÉ

AU POINT DE VUE RELIGIEUX

PAR

M. VAGNER

In memoria æterna erit justus.

Conserver la Couverture

NANCY

IMPRIMERIE ET LIBRAIRIE CATHOLIQUES

RUE DU MANÉGE, 3

1883.

NOTICE

SUR

M. GUERRIER DE DUMAST,

ENVISAGÉ

AU POINT DE VUE RELIGIEUX

PAR

M. VAGNER.

In memoria æterna erit justus.

— · ◆ · —

NANCY

IMPRIMERIE ET LIBRAIRIE CATHOLIQUES

RUE DU MANÉGE, 3

—

1883

Cette courte Notice,[r] consacrée à présenter le côté religieux d'un homme qui a tenu une si grande place dans notre cité et qui a mérité la reconnaissance de tous ses concitoyens, n'était pas appelée à recevoir les honneurs de la publicité. Jetée rapidement sur le papier à la veille d'une assemblée des Conférences de Nancy, elle a été écoutée avec quelque intérêt et l'auteur, après plusieurs modifications et augmentations, s'est décidé à la livrer à l'impression, pour répondre aux désirs de ses amis et des admirateurs de M. de Dumast.

Puissent ces lignes, destinées à une publicité toute privée, faire mieux connaître encore et plus regretter le grand chrétien que nous pleurons!

M. GUERRIER DE DUMAST

ENVISAGÉ

AU POINT DE VUE RELIGIEUX (*)

MESSIEURS ET CHERS CONFRÈRES,

Mon intention n'était pas de prendre la parole en cette séance, afin de laisser toute la place, au jeune président de Conférence qui doit nous entretenir d'une œuvre intéressante, et à M. le curé de Saint-Léon, dont nous avons eu déjà l'occasion d'entendre les excellents conseils.

Mais il me semble qu'il est de notre devoir à tous de ne pas laisser passer inaperçue, en assemblée plénière des Conférences de saint Vincent de Paul, la perte douloureuse que Nancy et ses Œuvres viennent de faire, il y a quinze jours. M. Guerrier de Dumast, membre honoraire de notre Société depuis sa fondation, il y a quarante-quatre ans, a tenu une trop grande place dans la vie religieuse de notre cité et a, directement ou indirectement,

(*) Cette Notice a été lue aux Conférences de saint Vincent de Paul de Nancy, le 14 février 1883.

exercé une trop heureuse influence sur notre existence, pour qu'un silence complet de notre part pût se justifier.

A d'autres de payer le tribut de reconnaissance qui lui est dû pour ses nombreuses et heureuses initiatives : Société d'archéologie, Musée lorrain, Facultés, études du sanscrit, américanisme, acclimatation, travaux académiques, historiques, littéraires, linguistiques, glorification et réveil de l'esprit lorrain, etc., etc.

Nous, nous ne voulons voir aujourd'hui en M. Guerrier de Dumast que l'homme religieux, le catholique qui, le premier, à une époque difficile, incroyante, voltairienne, donna, sans ostentation comme sans respect humain, le noble exemple de la pratique publique des devoirs chrétiens, et qui, entraînant dans son orbite quelques jeunes gens de bonne volonté, les guida, les fortifia par ses conseils, ses encouragements, et devint ainsi l'instigateur, le promoteur réel d'un grand nombre des institutions que nous avons le bonheur de posséder aujourd'hui.

Pendant plus de 60 ans, M. de Dumast a vécu en chrétien actif ; il est mort en chrétien résigné. Mais, avant d'être arrivé à la vérité intégrale, jeune homme, il avait eu ses illusions. Très riche des qualités de l'esprit et du cœur, littérateur et poète, (à 21 ans, des œuvres remarquées l'avaient déjà fait prendre place à l'Académie de Stanislas), vivant à Paris dans un monde où l'on s'occupait peu d'études religieuses, il se laissa entraîner dans une voie séduisante mais trompeuse. Il lui sembla que la Franc-Maçonnerie était le dernier mot de tout, et il écrivit à sa louange un long et brillant poème, prologue lui-même d'un important ouvrage qu'il méditait, pour prouver que cette institution, condamnée par l'Eglise, était l'*Alpha* et l'*Oméga* de toutes choses.

Pour dire quels éloges enthousiastes partirent de

toutes les loges maçonniques, quelle pluie de lettres de félicitations, de diplômes d'honneur, de médailles tombèrent sur le jeune poète, il faudrait de longues pages. Mais, dans son triomphe, l'auteur ne perdit pas la tête. Des études, consciencieusement faites, ne tardèrent pas à lui démontrer, qu'il était à côté de la vérité. Dès lors, il abandonna courageusement ses rêves trompeurs et la voie mensongère où il venait de mettre le pied, pour rendre hommage au Dieu de l'Evangile.

Il n'en existait pas moins, de son imagination ardente et de sa plume, un poème appelé, par le fait même de la verve et du talent qu'il y avait mis, à produire de très fâcheuses impressions sur d'autres jeunes gens, moins studieux que lui et moins disposés à chercher la vérité et à s'y attacher résolûment. Sa conscience délicate lui faisait une loi de le retirer, autant que possible, des mains du public. Cette pensée l'accompagna toute sa vie, et c'est à prix d'or qu'il en faisait rechercher et racheter les exemplaires à Nancy, à Paris, en France et à l'Etranger.

A une certaine époque, celui qui vous parle en ce moment s'occupait activement de la formation d'une bibliothèque lorraine. Il se trouvait ainsi en relations suivies avec une foule d'antiquaires et de libraires et au courant des ventes qui se faisaient dans un grand nombre de villes. Mission lui fut donnée de pousser à tous prix les rares exemplaires qui venaient en vente. Il réussit à s'en procurer, à longs intervalles, vingt ou trente exemplaires, au prix énorme de 30, 40 et 50 fr. chacun. Une fois en possession d'un volume, il s'empressait de le porter à son vaillant ami, qui, après en avoir remboursé le coût, le prenait délicatement avec les pincettes et, en chantonnant, le livrait joyeusement aux flammes. Héroïque sacrifice aux yeux de tous ceux qui connaissent la tendresse paternelle d'un auteur pour son livre !

Cependant 1830 était venu. L'irréligion était alors de mode. On traitait d'éteignoirs, de jésuites, tous ceux qui se montraient fidèles à la foi de leurs pères. C'étaient les cléricaux d'aujourd'hui. Il y avait bien encore, pour remplir leurs devoirs religieux, quelques artisans, quelques ouvriers. Mais, dans le monde lettré, vous n'eussiez pas trouvé dix hommes pour assister à une Grand'Messe et s'agenouiller une fois l'an à la Table-Sainte. M. de Dumast, lui, n'hésita jamais dans l'accomplissement de ses devoirs de catholique et fut ce qu'il était déjà auparavant et ce qu'il fut depuis. De par la loi, les matinées des Dimanches étaient presque invariablement consacrées à des exercices militaires et à des revues de gardes nationales. Cependant les fidèles voyaient arriver à la Grand'Messe paroissiale M. de Dumast en uniforme, appuyer son fusil contre un pilier et prier, à deux genoux et de tout cœur, jusqu'à l'heure de l'appel. Il gagnait alors le lieu du rassemblement. En l'apercevant de loin avec son schako, forme boisseau, de mauvais plaisants se permettaient parfois quelques sots propos, mais, comme il avait à lui seul plus d'esprit que toute sa compagnie, il ne tardait pas à les mettre en déroute et à placer les rieurs de son côté, et des pelotons entiers se groupaient autour de lui pour l'entendre parler *de omni re scibili*. On l'écoutait avec curiosité, avec intérêt, avec admiration (car c'était un merveilleux causeur !) et, les indifférents, les impies même arrivaient facile-

ment à respecter l'homme qui savait défendre vaillamment ses convictions.

Entre temps, il enrichissait de remarquables articles
les colonnes du *Courrier Lorrain;* il publiait maints
écrits sur le protestantisme, sur la liberté de l'enseignement et de la charité, sur la décentralisation, sur les
questions religieuses et sociales, et réussisait à faire
pénétrer, dans les séances publiques et privées de l'Académie de Stanislas, la note chrétienne qui jusqu'alors y
avait rencontré peu d'écho.

En 1835, il se produisit dans notre ville, d'ordinaire si
paisible, une vive agitation. Six cents pères de famille,
considérant que sur 1,100 enfants privés de fortune, à
qui l'éducation gratuite était accordée, 350 seulement la
recevaient dans les écoles mutuelles et 750 dans les écoles
des Frères, s'avisèrent de trouver mauvais que la majo-
rité ne reçût de la ville ni subsides, ni locaux, et que
la minorité absorbât tout; ils adressèrent au Conseil
municipal une pétition amiable et sans aigreur, où
ils se bornaient à solliciter un régime désormais plus con-
forme aux libres vœux et aux droits égaux de *tous.* On
leur répondit par de mauvaises raisons et des injures. Les
esprits s'échauffèrent et des flots d'encre furent répandus.
Les partisans des Frères furent traités d'ennemis de la mo-
narchie et des institutions de Juillet, tout comme aujour-
d'hui on classe parmi les démolisseurs de la République
les catholiques, qui veulent protéger l'âme de leurs enfants
contre la funeste loi de 1882 et les manuels civiques de
Paul Bert et Cie. M. de Dumast, toujours prêt à prendre
parti pour la cause du droit et de la justice, descendit brave-
ment dans l'arène et, dans deux écrits, réfuta éloquemment

les arguments tout politiques que produisaient les adversaires des Frères.

Mais à quoi pouvaient servir les sages raisons de M. de Dumast, quand le journal le *Patriote* posait la question en ces termes de brutale franchise?

« Oui, les uns ont tout et les autres rien, c'est vrai; mais il faut que les choses continuent de marcher ainsi, et cette inégalité est précisément le régime le plus désirable. Oui, le peuple est porté pour les Frères, et c'est nous qui voulons l'en détourner. Mais son désir n'est rien à nos yeux; car le peuple a besoin d'être éclairé, dirigé et nous devons rectifier son choix. Oui, les écoles des Frères, trop longtemps privées de secours fixes, pourront tomber à la fin; mais qu'importe? »

Les écoles des Frères ne sont point tombées grâce à la générosité de nos concitoyens, mais l'injustice a continué et continue encore aujourd'hui.

A propos de la défense des Frères, si vaillamment conduite par M. de Dumast, rappelons ici, quoique le fait ne se soit produit que dans l'automne de 1839, son long et laborieux voyage de Paris où il fut appelé, comme l'un des deux délégués du Conseil municipal de Nancy, pour soutenir les intérêts des hospices de cette ville contre les assertions erronées et les ruineuses exigences d'un principe administratif exagéré *dit* de bienfaisance publique. Ce principe, précurseur de la laïcisation moderne, se trouvait en opposition directe avec celui d'une charité bien entendue. M. de Dumast passa plusieurs mois à Paris, courant les Chambres et les Ministères, invoquant toutes les influences du jour et écrivant des mémoires d'une irréfutable logique. Mais ses héroïques efforts, dont l'étendue ne doit pas être mesurée à leur peu de succès, ne purent triompher du mauvais esprit des bureaucrates.

Revenons sur nos pas.

Vers la fin de 1834, une nouvelle désolante pour les catholiques et tous les lorrains intelligents se répandit dans la ville. La Chartreuse de Bosserville, le plus bel ornement de la vallée de Nancy, se trouvait menacée de disparaître entièrement. Déjà on y avait mis la pioche, et les matériaux du magnifique monument de Charles IV allaient être vendus aux entrepreneurs et bâtisseurs des environs. M. de Dumast, au point de vue historique, au point de vue artistique, au point de vue religieux, s'en émut. Suivi d'un de ses lieutenants les plus fidèles, il entra résolûment en campagne pour empêcher cette lamentable ruine. Ni démarches, ni lettres, ni imprimés, rien ne fut épargné, afin, comme nous l'avons raconté plus au long ailleurs (1), de secouer les esprits et d'exciter les sympathies : ce qui n'était pas chose facile en un temps si voisin de la Révolution de Juillet. On fit des prodiges d'audace, de dévouement et de sacrifices. La Chartreuse fut sauvée et les fils de saint Bruno rentrèrent dans le cher asile d'où la Révolution les avait chassés en 1791.

M. de Dumast a eu l'initiative de cette restauration et c'est, à mon humble avis, la plus glorieuse de ses œuvres, plus glorieuse que toute la longue série de ses travaux littéraires, politiques, linguistiques, religieux, philosophiques, lorrains et autres, dont l'énumération demanderait des pages entières. Ecrivain universel, il toucha

____

(1) *Espérance* du 5 février 1883. — *Semaine religieuse de la Lorraine* du 4 février 1883.

en effet, à toutes les questions qui s'agitèrent à son époque et partout se révèlait la main d'un maître.

Est-ce pour le récompenser de cette méritoire résurrection de la Chartreuse, que le Ciel lui accorda, quelques années après, la joie de réaliser une pensée nourrie depuis 1833, la pensée magnifique de réunir les forces chrétiennes de la ville, jusqu'alors isolées, en un groupe qui reçut le nom de *Foi et Lumières*? M. de Dumast voulait que les Catholiques eussent coude contre coude, et qu'au moyen de rencontres journalières dans un salon de lecture, et d'études fortes, rendues possibles par une bibliothèque de choix, ils se missent à même de combattre pour la foi avec les armes de la science; puisqu'en effet, c'est au nom de la science que la philosophie moderne a la prétention de renverser l'édifice de nos croyances.

On créa donc, par achats et par dons, une bibliothèque littéraire et savante, riche en documents variés, mais où tous les genres de connaissances furent imprégnés de cette religion qui, selon la pensée de Bâcon, est l'indispensable *aromate* dont il faut *embaumer les sciences*, pour les empêcher de se corrompre. Là, se trouvèrent successivement rassemblées, dans un foyer permanent, les lumières nées, chaque jour en Europe, de tous les travaux intellectuels qui fournissent appui à la croyance révélée et qu'il importe à ses défenseurs de bien connaître.

Et, afin qu'il n'y eût ni doute ni méprise sur la pensée vitale de cette Œuvre, voici quelle fut sa profession de foi, placée en tête de ses statuts. « L'esprit des soussignés n'est point celui d'un christianisme vague, mais bien d'une orthodoxie positive et d'une parfaite adhésion au Saint-Siège, centre de l'unité. »

C'était une initiative complète dès le premier jet, antérieure et supérieure à tout ce qui s'est fait de semblable, même à Lyon et à Paris.

Ce ne fut pas une mince institution que cette Académie chrétienne, qui compta dans son sein des membres comme le jeune poète Désiré Carrière, M. le vicaire général Dieulin, auteur du *Bon Curé* et du *Guide des Curés*, M. Delalle, depuis évêque de Rodez, Auguste Digot, le laborieux historien de l'Austrasie et de la Lorraine, le confesseur de la foi M. Michel, auteur de toute la liturgie du diocèse avant l'introduction du rit Romain, le savant Rohrbacher, le théologien Berman, M. Gridel, qui, sous le nom d'abbé Xavier, écrivit le traité de l'*Ordre surnaturel et divin*, livre qui fit une immense impression en France et à l'étranger, M. de Villeneuve-Trans le correspondant de l'Institut, M. Joseph Régnier, auteur de l'*Orgue*; des artistes comme Pierre, Alexandre Geny et de Saint-Beaussant; des magistrats comme M. le premier président de Metz, et M. de Vienne; des publicistes comme MM. de Foblant et de Myon, des économistes comme Alexandre de Metz, etc.

Pour encourager ce groupe fort honorable, M. de Dumast fit appel à toute une pléiade d'hommes célèbres de tous pays, qu'il est glorieux de nommer : à des prélats, tels que Nosseigneurs Parisis, Dupuch, Wiseman, Donnet; à d'autres sommités du clergé, tels que le R. P. Lacordaire, l'abbé Gerbet, l'abbé Bautain, l'abbé de Ram, l'abbé de Solêmes; à des écrivains catholiques, tels que MM. de Montalembert, Foisset, Veuillot, de Bonald, Ch. du Coëtlosquet; à d'illustres étrangers, tels que Gœrres, Haller, Manzoni, Silvio Pellico etc. Nous pourrions prolonger cette énumération; mais il faut savoir se borner.

Tous ces hommes répondirent à l'invitation du zélé président et acceptèrent leur diplôme ; quelques-uns envoyèrent leurs livres, des mémoires, des travaux manuscrits ; d'autres consentirent même à venir nous les lire en séances publiques.

Certes, ce fut un beau moment d'activité, d'émulation, d'études et d'espérance !

Comme on avait fondé une académie pour prouver par ses travaux que la *Foi* n'a rien à craindre des *lumières*, on fonda une Conférence de Saint Vincent de Paul, dans le but d'assister les pauvres, non plus au nom de la philantropic, mais au nom du Sauveur Jésus, leur ami et leur frère, et cette Conférence ne tarda pas à devenir nombreuse et florissante. On eut, pour les trois départements lorrains, une association de Saint Régis, qui s'occupa de faire rentrer dans l'ordre de la famille chrétienne les indigents vivant dans le concubinage. On eut un journal, l'*Espérance*, afin de pouvoir dire chaque jour le mot catholique sur les évènements quotidiens et de prendre en mains la défense des Œuvres. On en eut, au printemps de 1849, un second, l'*Ami du Peuple*, qui se tira jusqu'à 12,000 exemplaires et qui prit une part décisive aux élections pour l'Assemblée législative. On imprima le beau livre qui porte le nom de *Foi et Lumières*, arsenal complet d'armes au service de la Foi et où les Catholiques, aujourd'hui encore, peuvent largement puiser des traits non émoussés. On vit renaître dans nos murs des ordres religieux, et les fils de saint Dominique, ressuscitant en France, reçurent des mains d'un des nôtres, jeune gentilhomme riche et artiste, de tout temps aimable, mais naguère riant des dévots, leur premier couvent.

Commençait alors la grande lutte en faveur de la

liberté de l'enseignement, qui fut enfin conquise. Sans doute on essaie de nous la rogner ; mais nous espérons bien, par notre sagesse, notre dévouement, nos sacrifices et avec la grâce de Dieu, la reconquérir un jour pleine et entière !

Or, difficilement à notre époque, se figurerait-on quelle somme d'activité notre Académie chrétienne apporta dans le combat, quelle prodigieuse propagande elle fit, pendant plusieurs années, par écrits, par paroles et par actes. Nous renvoyons au livre de *Çà et là* de M. Louis Veuillot, chapitre intitulé : *Résurrection d'une ville de province*, les personnes qui seraient curieuses de connaître le mouvement catholique de cette époque et la part que M. de Dumast y eut.

La Société *Foi et Lumières* vécut ainsi quinze ans. Quand arriva le second Empire, qui bâillonna la presse et mit sous clef nos plus précieuses libertés, elle se sentit blessée et se laissa mourir. Son rôle d'ailleurs était fini. Elle avait groupé, discipliné et instruit les Catholiques ; elle avait créé les Œuvres qui continuèrent à se développer et à faire le bien sous leur propre direction.

En présence des événements nouveaux, immenses, qui venaient inaugurer un changement total dans la marche des esprits et dans celle des affaires du monde, M. de Dumast, se persuadant qu'en tout ordre de choses, les phases nouvelles réclament des hommes nouveaux, abdiqua, en faveur de ses disciples et collaborateurs, son rôle initiateur des Œuvres catholiques et porta sur d'autres points sa puissance créatrice.

Nous ne le suivrons point sur ce nouveau terrain où il sut acquérir d'immenses et incontestables droits à la reconnaissance de la ville de Nancy. D'autres l'ont fait

et le feront peut-être encore; et ce ne sera que justice, si,
à un jour prochain, nous avons la joie de voir revivre
son nom au frontispice du palais de l'Académie et sur
les murs d'une des rues qui y conduisent.

Jusqu'à présent nous n'avons vu dans M. de Dumast
que le guide, le chef de file des Catholiques dans l'action
publique. La modeste tâche que nous nous sommes
donnée, en voulant rappeler brièvement aux hommes de
la génération actuelle le rôle qu'il a tenu dans les affaires
religieuses, serait incomplète, si nous ne consacrions
quelques lignes à l'homme privé, dans la pratique des
devoirs qui font le chrétien accompli, fidèle en tout aux
lois de Dieu et de l'Eglise.

Sous ce rapport encore, M. de Dumast a été un type
parfait à contempler, à admirer et à imiter.

Modèle de résignation chrétienne et d'entière soumis-
sion dans les plus douloureuses épreuves de la vie, il
eut d'abord à laisser couler ses pleurs sur le cercueil
d'une jeune fille dont il espérait faire la joie de son
foyer, pendant que ses trois fils serviraient la patrie
dans les postes que la Providence leur réservait. Un
des trois meurt glorieusement devant les murs de Sé-
bastopol; un second, chef de bataillon, est tué dans les
combats de Versailles contre la Commune; Madame de
Dumast, elle-même, qui, sous des apparences un peu
froides, cachait les plus grandes et les plus solides
qualités de la femme chrétienne, et dont la louange est
justement dans toutes les bouches, le précéda de quelques années dans la tombe. Tous ces coups, si doulou-
reux, retentirent cruellement dans son cœur, mais ne
purent assombrir sa sérénité chrétienne. Il priait un peu

plus, levait un peu plus ses yeux vers le Ciel, où les âmes qui ont bien aimé le bon Dieu et ont pratiqué fidèlement sa loi, ont la certitude de se rejoindre. C'est là qu'il trouvait des motifs de consolation pour lui-même et des paroles d'encouragement pour ceux qui pleuraient autour de lui ; consolation et encouragement dont le sentiment profond se trahissait souvent par le cri d'une âme vraiment croyante, aimante et généreuse : « Que Dieu est bon ! »

Depuis plus de 35 ans déjà, son corps souffrait d'horribles douleurs, et pour tous ceux qui l'ont approché, la prolongation de ses jours jusqu'à l'âge de 87 ans paraissait un phénomène presque miraculeux. Et cependant sa volumineuse correspondance se faisait, son cabinet restait ouvert à de nombreux visiteurs qu'il continuait à instruire et à charmer par ses longs et féconds entretiens. De temps en temps, des auditeurs attentifs surprenaient bien une contraction qu'il n'était pas parvenu à dompter. Mais la conversation marchait, sans qu'une plainte ne fût proférée. Il cachait ses souffrances avec autant de soin que d'autres en mettent à les exprimer, pour ne pas affliger et faire pâtir avec lui son entourage. Dur pour lui-même, il l'était moins pour les autres, et à l'époque où déjà il ne pouvait plus mettre qu'une signature informe sur les lettres dictées à son secrétaire, on l'a vu dépenser deux billets en un seul jour, en faveur d'un confrère également aux prises avec la maladie. Ne se croyait-il pas obligé de signaler à cet ami une médicamentation qu'il pensait devoir lui être salutaire ?

S'il était soucieux de la santé corporelle de ses amis, il l'était infiniment plus encore de la réputation du prochain. Dans ses longues causeries, jamais parole médisante n'est venue sur ses lèvres, et s'il entendait quelque accu-

sation, sa charité trouvait toujours une circonstance atté-
nuante à faire valoir.

Il acceptait de bonne grâce les contradictions, qui
pouvaient lui être présentées, et dût son amour propre
en être froissé, car qui est assez fort pour s'en dépouiller
entièrement ? il ne s'en montrait nullement offensé.
Une légère coloration paraissait alors sur son visage et
c'était tout.

Vingt fois par jour, on le dérangeait dans le silence
de ses méditations, dans le feu de sa composition, dans
le mouvement de ses affaires, dans sa vaste correspondance; ce qui n'empêchait pas la vingtième visite de
rencontrer la même affabilité que la première.

Sa correspondance était universelle et lui a pris les plus
nombreuses heures de sa vie. Les savants les plus célèbres, les linguistes les plus renommés, les chrétiens les
plus illustres faisaient avec lui un échange quotidien
d'idées. Et, comme il était tout imprégné de catholi-
cisme, Dieu seul peut savoir tout le bien qu'il a produit
par cette propagande non interrompue et à huis clos; Dieu
seul connaît les préjugés qu'il a dissipés, les objections
qu'il a vaincues, les vérités qu'il a répandues, les retours
à la vérité qu'il a opérés.

C'est à cette grande et importante mission qu'il con-
sacra une grande partie de ses heures depuis le jour
qu'il avait abandonné à d'autres la conduite des Œuvres
catholiques. Et cette mission de prédication par correspondance, il ne cessa non plus de l'accomplir par la
conversation, dans son cabinet de réception, près de
nombreux et honorables visiteurs, qu'il disposait peu à
peu à modifier considérablement des idées préconçues
sur beaucoup de sujets d'un grand sérieux.

Quant à sa piété, que pourrions-nous en dire qui ne

soit connu de tous? Qui ne l'a vu se traînant péniblement au bras de son fidèle Joseph, pour assister aux fêtes de la Société de Saint Vincent de Paul, pour se rendre au conseil de l'Association de saint Régis, pour prendre part aux fêtes de l'Eglise? Qui ne l'a vu, pendant les quelques étés qu'il passa dans sa campagne de Malzéville, se faisant porter sur le passage de la procession du Saint-Sacrement, et procurant sans s'en douter, par son attitude humble et respectueuse, une immense édification à tous les fidèles?

Et lorsqu'il fut devenu aveugle et à peu près impotent, lequel de ses visiteurs ne l'a trouvé dans un coin obscur de son cabinet, jadis si plein d'animation, pieusement réfugié entre son chapelet et son crucifix? On pourrait croire qu'il s'y désolait sur sa cécité, qui le rendait incapable de continuer sa vie si active. Loin de là : ce qui paraissait à tout le monde un sujet d'immense affliction, il le considérait comme une faveur, comme une grâce du Ciel. — Merci! mon Dieu, répétait-il, de ce que, m'ôtant les yeux du corps, vous m'avez mis en situation de mieux me préparer à mes fins dernières! Et, de fait, après quelques heures de dictée à son secrétaire, il n'avait pas de plus grande joie et de meilleure consolation, que ses exercices de dévotion. Pendant des heures, il égrenait son chapelet, puis, prenant dévotement un crucifix indulgencié, il faisait son chemin de croix; puis encore, tenant dans ses mains, avec un bouquet d'immortelles desséché, une statuette de la Vierge qui lui venait du vénérable M. de Saint-Florent, il récitait son mois de Marie, alors même que l'Eglise ne fêtait plus le mois de Marie. A table, il se faisait lire la vie du Saint du jour. Celle du bienheureux Claver, l'apôtre des Indes, excitait vivement son intérêt, et il se la faisait répéter. Après son dîner, il demandait à rester seul, et passait près de deux heures et demie dans la prière et la contemplation. Puis venait la prière du soir, qui était suivie des Litanies de la Sainte Vierge, comme celle du matin, des Litanies du Saint-Nom de Jésus. Le pieux baron récitait les Invocations et Joseph répondait. Il en était de même le Dimanche, vers une heure et demie, pour les Vêpres. Le maître et le serviteur alternaient les Psaumes.

Presque tous les huit jours, il communiait le Dimanche, à la Basilique Saint-Epvre, sa paroisse, où il prenait place près de la sacristie, afin qu'on pût, sans grand dérangement, lui apporter le Dieu qui avait réjoui son âge viril et consolé sa vieillesse. Aux fêtes de la Vierge, il ne manquait guère à cette dévotion, et alors, comme c'est la coutume au-delà des Pyrénées, il remplaçait son ruban bleu et blanc de Chevalier de Charles III, d'Espagne, par la Croix de cet Ordre, représentant l'*Immaculée Conception*.

Le jour de la Dédicace, comprenant que sa fin ici-bas approchait, il annonça qu'il voulait, pour la dernière fois, aller à la paroisse. Et ce fut réellement la dernière fois.

A dater de ce moment, ses forces déclinèrent sensiblement; la vie s'en allait. Il reçut saintement les sacrements des mourants, redoubla ses préparations pieuses; puis le 26 janvier, sans douleurs, sans crise, il s'endormit, sur la terre, pour se réveiller dans le sein de Dieu.

Nancy, imprimerie catholique de René Vagner.

www.ingramcontent.com/pod-product-compliance
Lightning Source LLC
Chambersburg PA
CBHW051448060726

47596CB00006B/2673